# 아하! 바이블 큐브

시즌 5

# 아하! 바이블 큐브

시즌 5

## 절기



## 1단원 아브라함의 여행



## 2단원 예수님의 여행



## 3단원 예수님의 마지막 길



## 4단원 예루살렘의 제자들



## 5단원 소아시아의 바울



## 6단원 만물이 하나님의 것이라



* 부활주일과 3단원 1과 그리고 4단원 1과는 어린이용 교재 없이 진행됩니다. 교사용을 참고하여 진행하세요.

어버이 주일

# 기쁨을 드릴게요

활동 1 효도 쿠폰

분리수거 돕기

_______ 드림

식사 준비 돕기

_______ 드림

신발 정리하기

_______ 드림

어깨 안마 10분

_______ 드림

이불 정리 돕기

_______ 드림

사랑해요하며, 뽀뽀 해 드리기

_______ 드림

발 씻겨 드리기

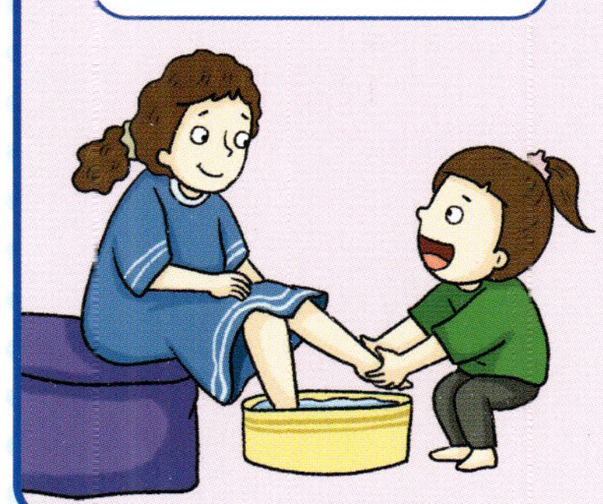

_______ 드림

_______ 드림

효도쿠폰

받으신 후 1년 이내에
사용하시기 바랍니다.

효도쿠폰

받으신 후 1년 이내에
사용하시기 바랍니다.

효도쿠폰

받으신 후 1년 이내에
사용하시기 바랍니다.

효도쿠폰

받으신 후 1년 이내에
사용하시기 바랍니다.

효도쿠폰

받으신 후 1년 이내에
사용하시기 바랍니다.

효도쿠폰

받으신 후 1년 이내에
사용하시기 바랍니다.

효도쿠폰

받으신 후 1년 이내에
사용하시기 바랍니다.

효도쿠폰

받으신 후 1년 이내에
사용하시기 바랍니다.

# 1 여행을 떠나자!

활동 1 아브람처럼

☐ ☐ 으로 ☐ ☐ 가요.

가 음 나 따 믿 안 라

활동 1 웃음을 주셨어요

막대 붙이는 곳

막대 붙이는 곳

막대 붙이는 곳

# 3 언제나 지켜 줄게!

활동 1 아브라함의 기도

죄

# 하나님이 준비하신다

활동 1 하나님이 준비하신 것

# 1 낯선 땅에 가신 예수님

활동 1 예수님 안에 함께해요

# 제 선생님을 소개합니다

활동 1 쫑긋쫑긋, 귀!

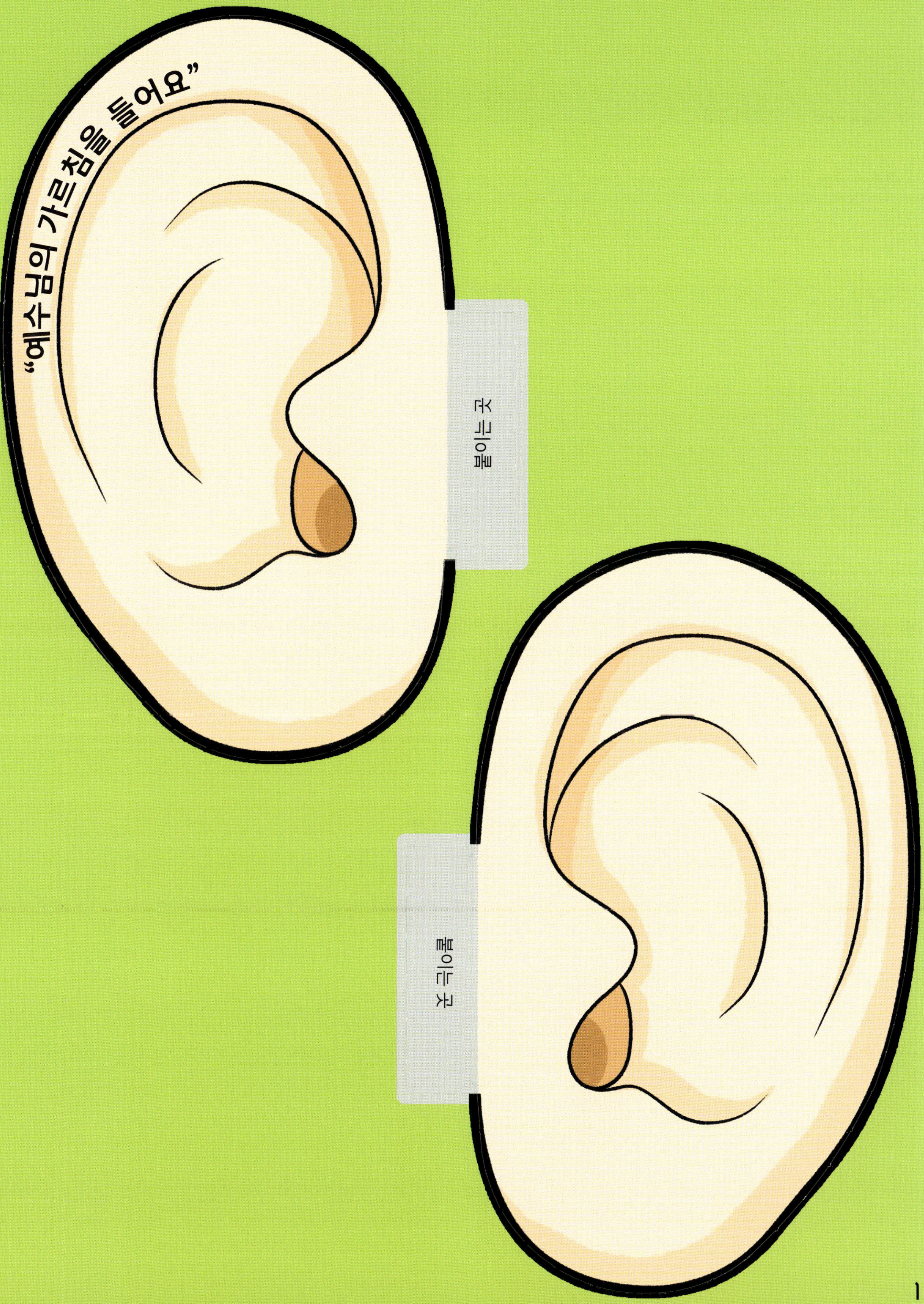

붙이는 곳

붙이는 곳

붙이는 곳

| 풀칠 | 풀칠 | 풀칠 |
| --- | --- | --- |

# 3 예수님의 이름을 불러요

활동 1 예수님께로 가요

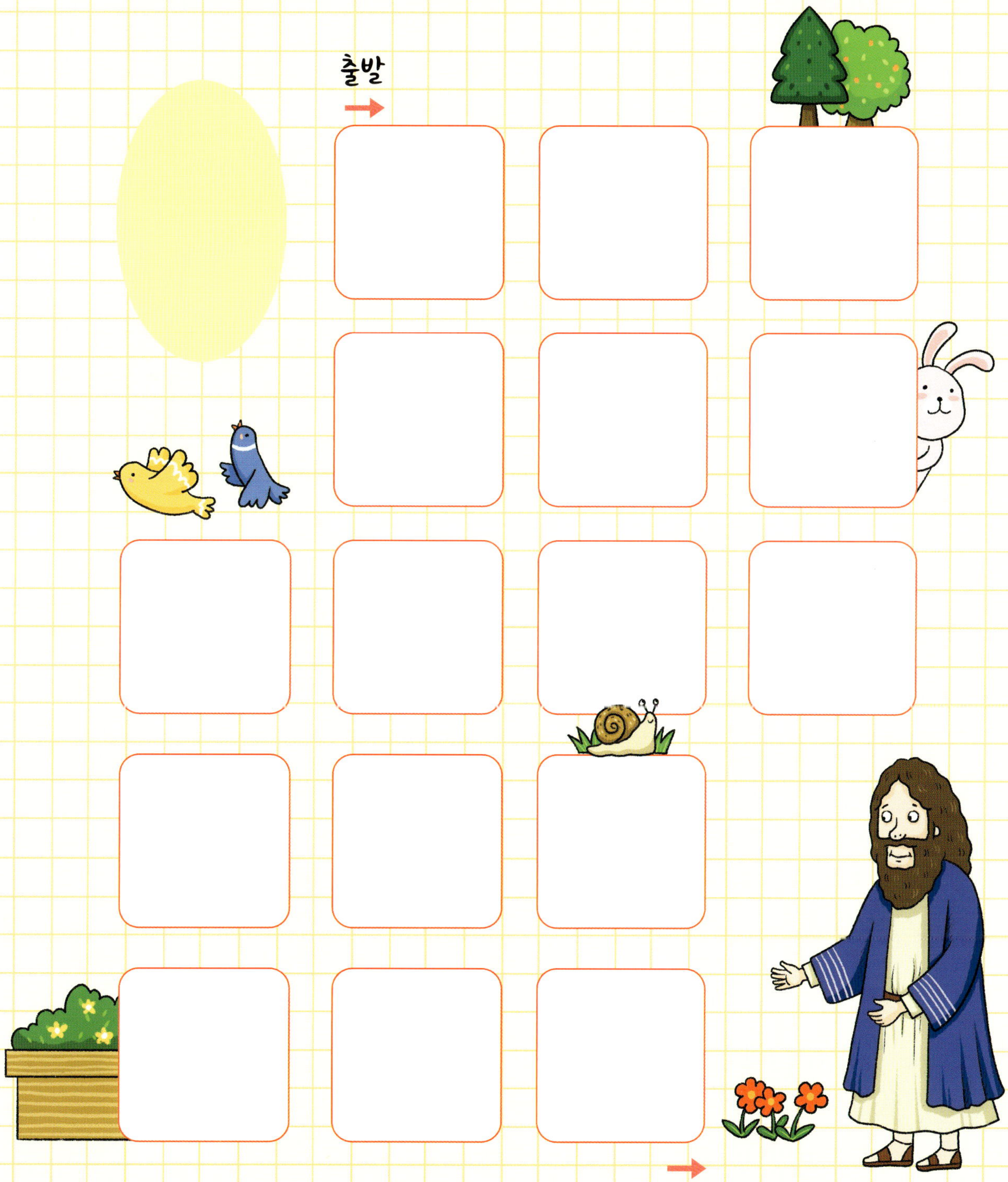

# 4 예수님이 받은 박수

활동 1 • 예수님의 여행

활동 1 예수님을 놓아줘!

| ① 다른 사람의 것을 빼앗았어요. | ② 하나님보다 다른 걸 더 사랑했어요. | ③ 거짓말을 했어요. | ④ 예수님의 말씀을 지키지 않았어요. | ⑤ 다른 사람을 미워했어요. | ⑥ 하나님을 믿지 않았어요. | |
|---|---|---|---|---|---|---|
| 붙이는 곳 | 붙이는 곳 | 붙이는 곳 | 붙이는 곳 | 붙이는 곳 | 붙이는 곳 | 붙이는 곳 |

| 풀칠 | 풀칠 | 풀칠 | 풀칠 | 풀칠 | 풀칠 | 풀칠 |
|---|---|---|---|---|---|---|

활동 1 • 가시 면류관

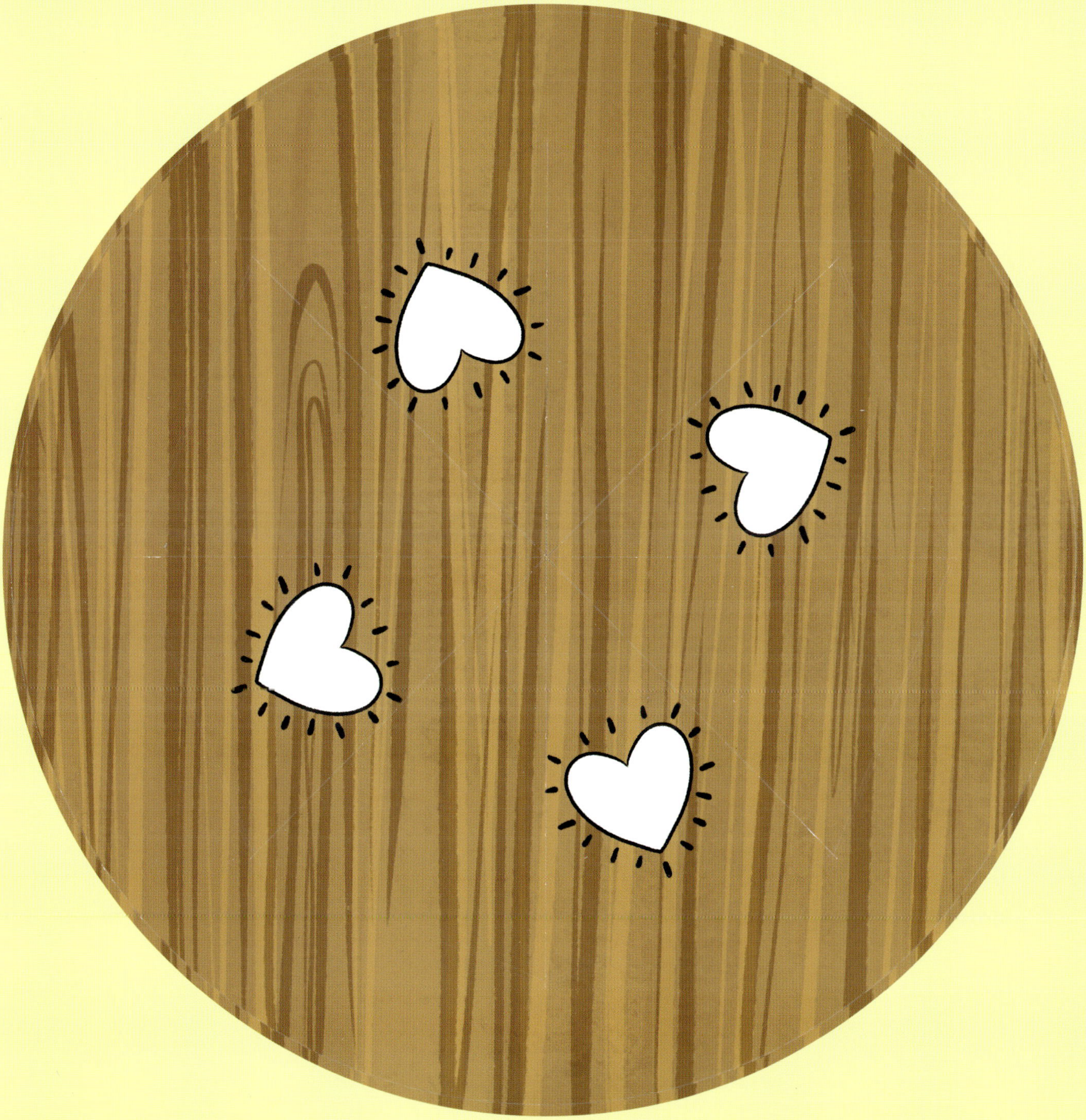

# 4 십자가에 달리신 예수님

활동 1• 우리를 위한 십자가

# 말씀 따라가는 길

활동 1 야고보를 기억해요

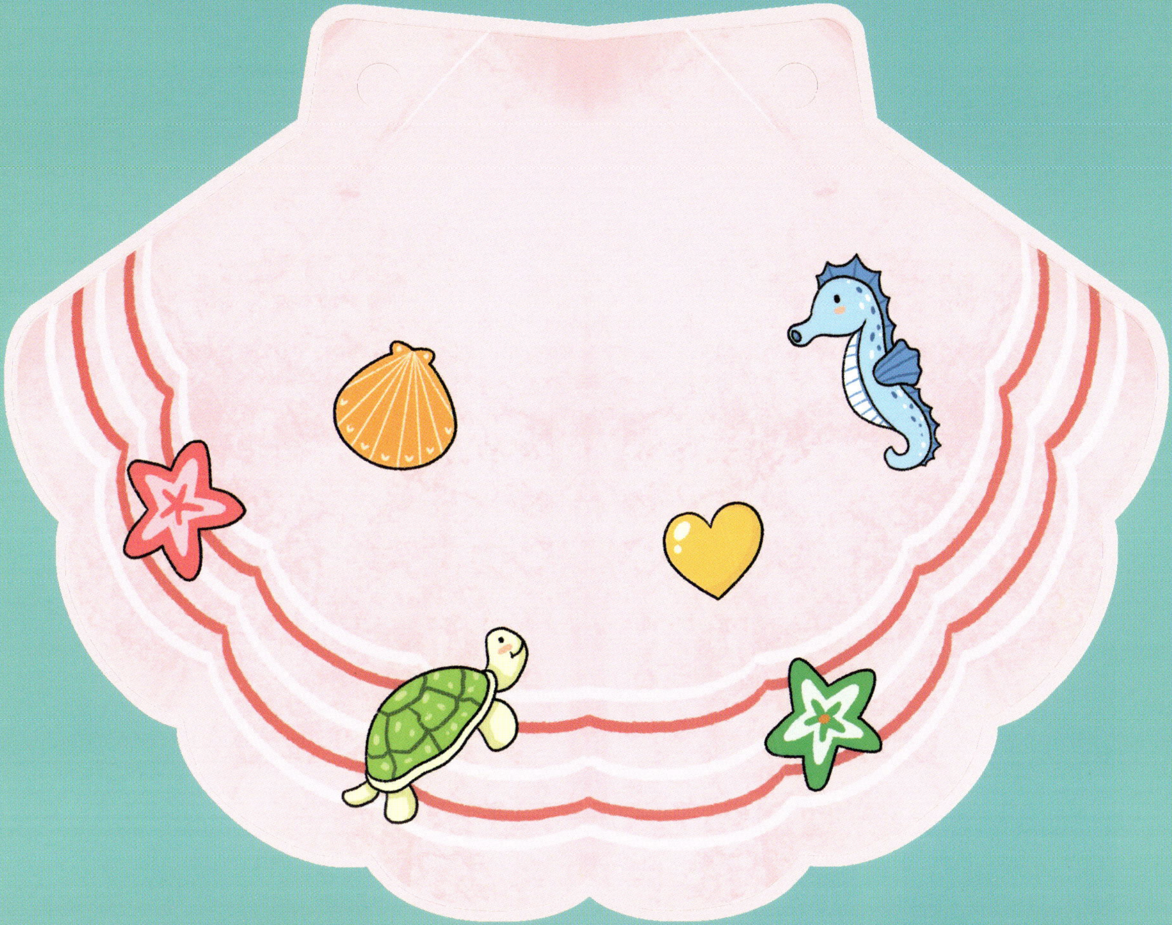

풀칠

# 3 복음의 여행을 이어가요

활동 1 천사의 말을 따라!

# 4 함께 떠나요, 복음의 여행

활동 1 복음을 전해요!

풀칠 풀칠 풀칠 풀칠

붙이는 곳

붙이는 곳

붙이는 곳

붙이는 곳

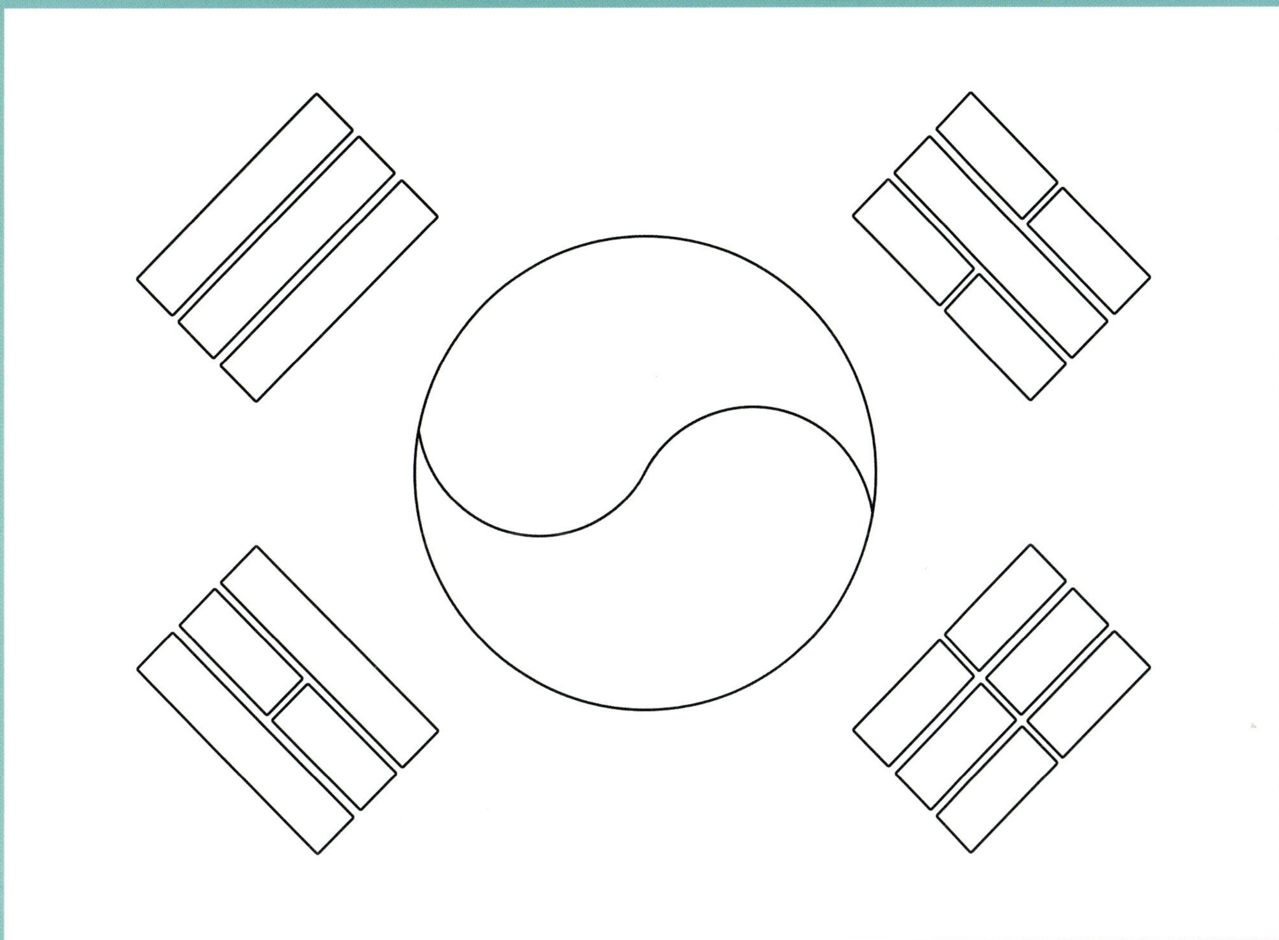

# 마음이 변화된 여행

활동 1 바울의 안경

활동 1 뿌뿌뿌 배를 타고 출발!

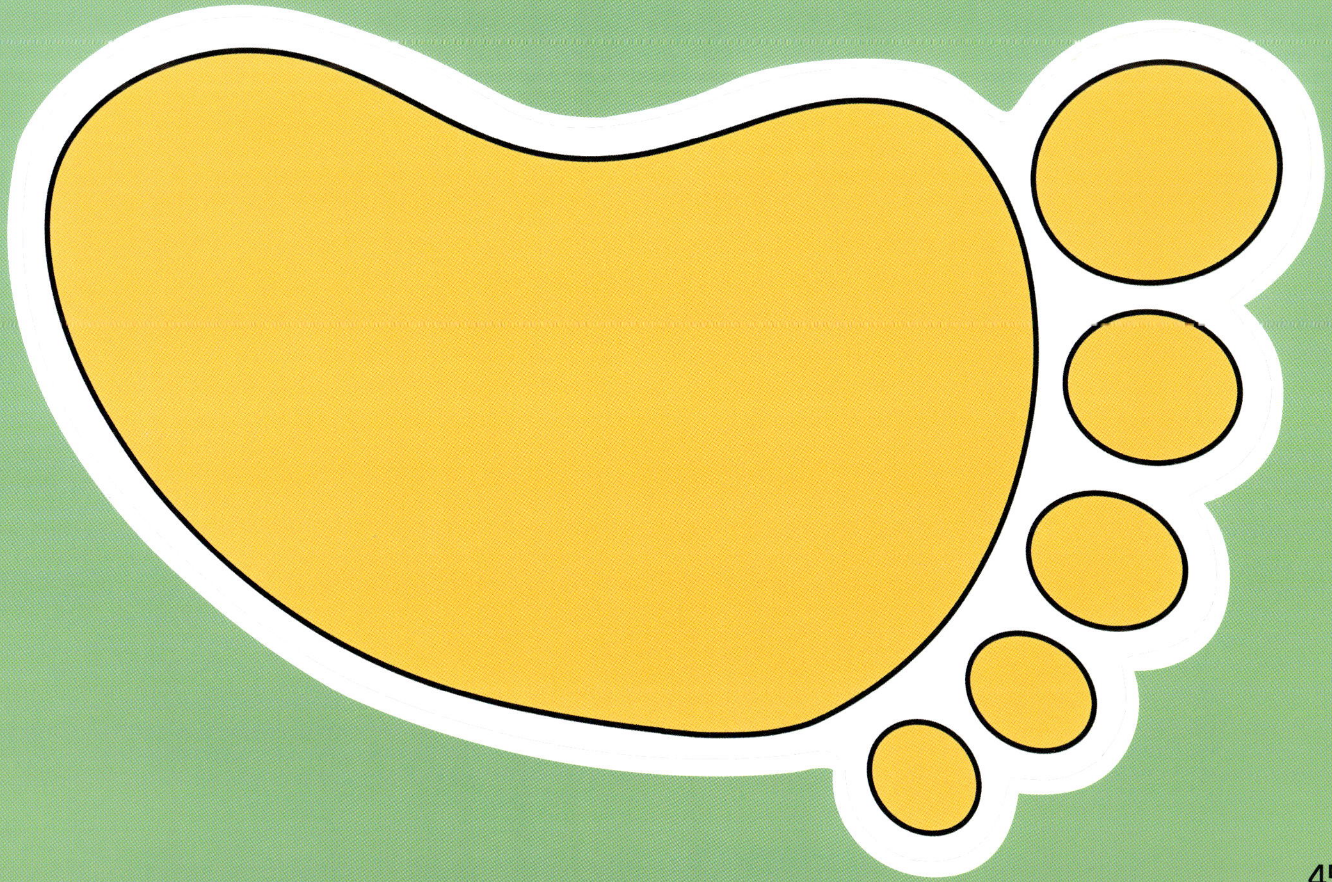

# 기도와 찬양이 있는 여행

활동 1 빙글 빙글 돌아요

# 4 끝없는 여행

활동 1 예수님 이야기를 전하는 멋진 나

붙이는 곳

# 자리가 있어요

활동 1 자리를 지켜요!

플라스틱
종이
비닐

<그림 1>

붙이는 곳

붙이는 곳

- - - - - - - 산접기

--------------- 계곡접기

<그림 2>

6단원 3과 활동1

# 3 자리가 위험해요

활동 1 마을을 찾아서

풀칠

풀칠

# 알록달록 피어났어요

활동 1 알록달록 피어나기!

1 단원 1과 활동1

가 음 나 따 믿 안 라

2 단원 1과 활동1

2 단원 2과 활동1

2 단원 3과 활동1

4 단원 3과 활동1

5 단원 1과 활동1

5 단원 2과 활동1

6 단원 1과 활동1

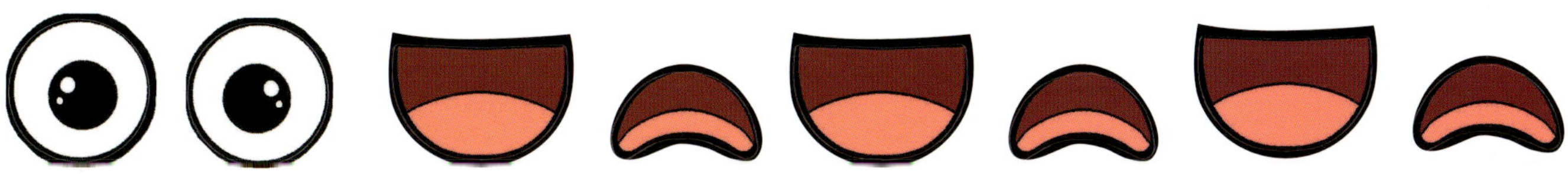

6 단원 2과 활동2